战胜市场
逆势投资的逻辑

[美]
吉姆·罗杰斯
Jim Rogers
——
著

韩涛 译

机械工业出版社
CHINA MACHINE PRESS

本书以世界正面临的严重通胀、巨大的经济泡沫即将破裂为背景，讲述了越是在这样的紧要关头，我们越需要掌握如何度过危机的正确知识。因为只有正确的知识才能帮我们走出危机，在危机过后丰富我们的人生。本书能够帮助投资者加深对货币和投资的理解，同时，帮助投资者平安度过即将到来的危机，并在危机过后抓住下一次机遇。

SEKAI DAIIHEN by Jim Rogers
Copyright © 2022 Jim Rogers
Photograph © Jin Sasaki
All rights reserved.
Original Japanese edition published by TOYO KEIZAI INC.

Simplified Chinese Translation Copyright © 2023 by China Machine Press
This Simplified Chinese edition published by arrangement with TOYO KEIZAI INC.，Tokyo，
Through BARDON CHINESE CREATIVE AGENCY LIMITED，Hong Kong. This edition
is authorized for sale in the Chinese mainland (excluding Hong Kong SAR, Macao SAR and
Taiwan).

No part of this book may be reproduced or transmitted in any form or by any means, electronic or
mechanical, including photocopying, recording or any information storage and retrieval system,
without permission, in writing, from the publisher.

本书中文简体字版由 TOYO KEIZAI INC. 通过 BARDON CHINESE CREATIVE AGENCY
LIMITED 授权机械工业出版社在中国大陆地区（不包括香港、澳门特别行政区及台湾地区）独家出版发行。未经出版者书面许可，不得以任何方式抄袭、复制或节录本书中的任何部分。

北京市版权局著作权合同登记　图字：01-2022-6979 号。

图书在版编目（CIP）数据

战胜市场：逆势投资的逻辑 /（美）吉姆·罗杰斯（Jim Rogers）著；韩涛译 . —北京：机械工业出版社，2023.9
ISBN 978-7-111-73525-0

Ⅰ. ①战… Ⅱ. ①吉… ②韩… Ⅲ. ①金融投资 – 研究 Ⅳ. ① F830.59

中国国家版本馆 CIP 数据核字（2023）第 154094 号

机械工业出版社（北京市百万庄大街 22 号　邮政编码 100037）
策划编辑：顾　煦　　　　　　责任编辑：顾　煦　牛汉原
责任校对：龚思文　卢志坚　　责任印制：郜　敏
三河市宏达印刷有限公司印刷
2023 年 11 月第 1 版第 1 次印刷
147mm × 210mm · 6.5 印张 · 1 插页 · 69 千字
标准书号：ISBN 978-7-111-73525-0
定价：59.00 元

电话服务　　　　　　　　　网络服务
客服电话：010-88361066　　机 工 官 网：www.cmpbook.com
　　　　　010-88379833　　机 工 官 博：weibo.com/cmp1952
　　　　　010-68326294　　金 书 网：www.golden-book.com
封底无防伪标均为盗版　机工教育服务网：www.cmpedu.com

长达两年多的新冠疫情以及最近爆发的俄乌冲突使世界感到极度不安。

在此期间，粮食和能源的价格不断攀升，通胀加速的倾向日趋明显。而20多年来一直持续向好的美国股市的前景也令人担忧。

未来，世界经济、金融、市场乃至人类社会将发生怎样的改变？俄乌冲突又会给国际政治、地缘政治的走向带来何种影响？

带着这些问题，我们对世界著名投资家，尤其曾多次对资本的流向做出成功预判的吉姆·罗杰斯先生进行了访谈。

　　新冠疫情暴发不久后的 2020 年 5 月，我们出版了《吉姆·罗杰斯的大预测》一书。罗杰斯先生在书中准确地分析了世界经济、资本市场的走向，成功预测出股市反弹的到来、金价和银价的上涨等趋势，引起了极大反响。因此，本书可谓《吉姆·罗杰斯的大预测》的续篇。

　　本次访谈是在新加坡吉姆·罗杰斯先生的家中进行的，从 2021 年 10 月到 2022 年 5 月，我们分数次对吉姆·罗杰斯先生进行了访谈。负责访谈任务的就是本书的编者。之后，本书的编者和编辑部对采访稿进行了日语翻译并整理成书。需要说明的是，在不违背罗杰斯先生原意的前提下，编辑部对书中的数据进行了适当补充。

倘若本书能帮助读者加深对世界经济以及国际政治乃至资本市场的理解，我们将万分荣幸！

本书编辑部

2022 年 5 月末

目 录 ◀ CONTENTS

前言

第 1 章
巨大的经济泡沫即将破裂
——全球性货币宽松政策必将使世界迎来
第二次世界大战后最大的经济危机

第 2 章

俄乌冲突将给世界带来怎样的改变

——西半球国家将丧失优势，
中国的影响力会大幅提升

第 3 章

日元贬值、通胀背景下日本人
该如何保住资产

——为"日本末日"准备一个 B 计划

第 4 章

绝望之中孕育着绝佳的投资机会

——我的投资之道：通过"逆向投资"提升收益

第 1 章

巨大的经济泡沫
即将破裂

——全球性货币宽松政策必将使世界迎来
第二次世界大战后最大的经济危机

巨大的经济泡沫
将由年轻人负担

——新冠疫情暴发后的 2020 年 5 月，我们出版了您的上一本著作。您在书中成功预测出在股价大跌后，全球性货币宽松政策将会带来股市反弹。不过，这一波股市反弹一直持续到今天，这是否和您当初预想的一样？

▼

吉姆·罗杰斯（以下称罗杰斯）：全世界的央行发行了数额惊人的货币，并将其中很大一部分用于购买股票和债券。虽然疫情暴发以来，经济复苏的速度超出预期，但能够动用如此巨额的资金，对谁来说都是一件幸福的事情。如果给我 1 万亿美元让我投资，我肯定也会度过人生中最美好的时光。

　　但是，对于年轻人而言，这无疑将是一场噩耗。像我这样的老年人无须为此付出什么代价，因为当下一次股市大跌的时候，我恐怕即将或已经迎来人生的最后时刻。

　　我们越是不断地印钱，下一次的崩盘就越严重。很多国家都将为此付出惨痛的代价，其中日本将会是最大的输家。这是因为日本的出生率很低，而且日本不是移民国家，还有日本银行至今仍在实施大规模的货币宽松政策。

　　日元跌幅创 20 年来新低就是最好的证明，而日元的实际购买力更接近 50 年来的最低水平。50 年前正是日本经济高速增长的时期，日元价格已经降到了当时的水平。

　　我想事态还会进一步恶化。历史已经反复印证了这一点，货币发行的数量越多，货币贬值的幅度也就越大。而日元贬值所带来的负面影响，只能由年轻人来负担。

泡沫破裂
的征兆
已经开始显现

——两年前，您曾预言，反弹过后，将迎来有史以来最大的经济危机。您现在还坚持这个看法吗？

▼

罗杰斯：准确地说，我预言的是"下一次经济危机将会是我一生中经历过的最可怕的经济危机"。对于这一看法，我现在并未改变，但如果你问我下次会不会是人类史上最严重的经济危机，我很难回答。1930 年德国经济崩溃的时候，情况或许更糟。德国人民将希望寄托在希特勒身上，把他视为救世主，但几年后却发现这是一个错误的选择。

德国经济的崩溃以及随后爆发的第二次世界

大战（简称"二战"）是迄今为止人类经历过的最黑暗的一段时期。如果当前的俄乌冲突演变为一场世界大战，那么，它将超过 20 世纪 30 年代的德国，成为人类历史上最严重的一次危机。

因为世界各国的债务负担有增无减。2008 年的雷曼危机同样引发了全球性债务危机，许多个人投资家和国家都受到了重创。然而，债务问题在那时并未得到妥善解决，反而在雷曼危机之后与日俱增。

较之上一次的经济危机，现在各国的负债程度已经大幅增加。因此，很明显，下一次经济危机将会是我一生中经历的最可怕的经济危机。

美国财政部部长耶伦女士说，"一切都很好，一切尽在掌握之中"，但如果你相信她，就不要再听我的。她总是强调全球经济很好，但我根本不信。

历史一再表明，当负债到达一定程度后，全世界将会爆发各种问题。正如我刚才说过的那样，从目前各国的负债规模看，我确信下一次经济危机将会非常严重。

　　——您是否已经觉察到了一些可以称为泡沫即将破裂的征兆？

▼

　　罗杰斯：去年秋天，我在访谈中说过，目前的牛市就好比是棒球比赛已经打到了第 8 局的上半场或下半场⊖，所以我认为牛市还会持续一段时间。虽然比赛已经接近尾声，但还未完全结束。就像接下来还有可能出现安打⊖一样，或许还会出现新的泡沫。

―――――――

⊖ 正式棒球比赛每场一共有 9 局，每局分上下两个半场。——译者注

⊖ 安打是棒球及垒球运动中的一个名词，指打击手把投手投出来的球，击出到界内，使打者本身能至少安全上到一垒的情形。安打可分为一垒安打、二垒安打、三垒安打和全垒打。——译者注

顺便补充一点，这场棒球赛始于 2009 ～ 2010 年，当时股市处于最低点，是泡沫形成的起点。当时，几乎所有投资者都对市场前景失望至极，为了止损，纷纷在低位抛出了手中的股票，也没有人愿意再谈论股票。

我认为，这次的泡沫已经到了最后一个回合。当然，打成平局还会有加时赛，但有一点毫无疑问，那就是本轮牛市正在接近尾声。

泡沫即将破裂的征兆已经开始显现出来。比如，从未有过实战经验的投资新手常将"投资赚钱很容易"挂在嘴边；特殊目的收购公司（SPAC）如雨后春笋一般，随处可见。SPAC 已有一百多年的历史，虽然当时的名称和现在有所不同，但具有相同性质的公司正在迅速增加。

尽管亚马逊等公司的股价在俄乌冲突爆发后有所下跌，但连日来的持续上涨也是泡沫后期的典型征兆。不过，目前的泡沫还不是最成熟的形态，因为并非所有股价都在暴涨。在经济泡沫发展到最后阶段时，所有股价都会上涨。当你去找牙医看牙时，前台会兴冲冲地跟你谈论股票；当你乘坐出租车时，司机也会跟你大谈特谈股票如何赚钱。如果这些情况在你身边发生了，那么请告诉我，因为这就是宣告泡沫破裂的信号。

此外，如果乌克兰局势升级，或是有新的全球性流行病暴发的话，市场将会再度陷入恐慌。还有，如果哪家人尽皆知的大公司倒闭，也会引起恐慌。一旦有消息报道出来，感到惊慌的投资者便会抛出手中的股票。

其实，我对市场的预判也有失误的时候。虽然我认为，泡沫还会再持续一段时间，但事实上也有可能泡沫已经开始破裂了，只是我无法说出确切的时间点。但泡沫已经发展到了最后阶段，这一点是肯定的。比如，保证金负债量创历史新高、IPO 数量也正在激增。

空前的IPO 热潮将随着 泡沫破裂而消退

罗杰斯：原本每天都在上涨的大盘股涨势开始萎靡。2021 年，超成长股也从 2020 年的涨幅中回落。

所谓泡沫就是这个样子。首先是知名度高的股票价格不断上涨，当涨势减弱后，股市的参与者就会寻找下一个不太知名的、处于涨势中的股票，这是因为还不知名的股票价格相对较低。

20 世纪 60 年代，只要在公司名称里加上"计算机"几个字，就可以让股价飙升。即使自身的业务与电子产品毫不相关，只要公司名字里有"计算机"，股价就会上涨。

类似的情况今天仍在发生，特斯拉就是一个典型的例子。只要哪家公司说自己的业务与电动汽车相关，股价就会飙升。我们知道，虽然特斯拉并未在电动汽车销售上盈利，但它的股价却在不断攀升，甚至出现了许多特斯拉狂热分子。这便是热门股的特征，这一现象经常出现在泡沫晚期。

最近，我常听到"虚拟货币"一词，这也是个热门话题。不少人把虚拟货币视为股票，但在我看来，它们并非股票。当牛市到来时，很多东西的价格都会上涨，不过，比特币的涨幅却匪夷所思[⊖]，这也是出现泡沫的一种征兆。

虚拟货币的持有者称比特币将是未来的货币。不过，需要提醒大家的是，早在泡沫经济时代，就十分流行"你无法理解未来会发生什么"这样的说法，现在也是这样。

⊖ 访谈时已突破 6 万美元。

20 世纪 80 年代，那些热衷于日本股票的美国人把"日本人不一样，你无法理解"当作自己的口头禅。当时，日本的股价持续上涨，日本人在美国购买了包括洛克菲勒中心在内的大量不动产。

泡沫经济时代，我就听到过这样的说法："这次不一样，你将无法理解。"但根据我的经验，虚拟货币也不会成为例外。在一个经济周期中，既有吹泡沫的牛市，也有挤泡沫的熊市，这种现象以前就有。

关于虚拟货币，我想时间会给出答案的。随着比特币价格的飙升，虽然有人从中赚得盆满钵满，但也有人从中亏得倾家荡产。只是我们不会关注那些投资失败者的存在而已。

那些已经购入或正在购入虚拟货币的人将其称为投资，但对我而言，虚拟货币只是一种不错的交易资产，根本不是真正的货币。至少去超市的时候，你还无法用虚拟货币买面包。其实，在泡沫经济时代，投资者就一直在寻找新的投资目标，从这一点看，虚拟货币也只不过为那些寻找新的可交易资产的人提供了一种可能而已。

——针对空前的 IPO 热潮，您认为未来的走向如何？

罗杰斯：那些不断聚敛财富的独角兽公司才真正象征着泡沫已经到来。按理说，投资者对不盈利的公司本不应该产生兴趣。可是，当泡沫产生以后，大家就会迷信"那是一家独一无二的公司"，开始争相投资。

像这样的公司其实并未创造出真正的价值，然而它们却像被施了魔法一般，不断地将资金聚敛起来，同时这些独角兽公司的市值也高得惊人。我认为噩梦才刚刚开始。

　　像现在这样，看上去十分吸引人的独角兽公司大量出现，说明市场正处于泡沫状态。5 年前，"独角兽"这个词还很少听说，可是现在却可以看到各种各样的独角兽公司。这确实是一个脱离了现实的"梦幻般的世界"，但不要忘了，与总能以幸福的情节结尾的童话故事不同，在现实中等待我们的只有悲剧。

如果乌克兰局势能够稳定下来，股市将迎来飙升

——泡沫破裂后，您预测将迎来历史上最大的熊市。

▼

罗杰斯：泡沫破裂后，我们将迎来历史上最大的熊市。直到现在我仍坚持这一看法。不过，我这么说并非危言耸听，而是通过事实得出的结论。

正如我在前面提到的，2008 年的经济危机是由全球债务过剩引发的，而现在各国政府的债务负担远超当时。因此，我说下一个即将到来的熊市会是我一生中经历的最可怕的熊市，这是再自然不过的结论。

但是，股市并非如此简单，即使在不稳定的情况下，市场也会寻找上涨的机会。如果乌克兰局势能够提前稳定下来的话，市场行情无疑会走高，甚至可能会出现飙升（Blow-off Rally）。所谓"飙升"是指股价好像被疾风吹起一般暴涨，很多投资者可能会将此视为最后的机会，争相买入。

不过，上次访谈时，通胀现象还未出现，这一点也非常值得关注。由能源价格引起的物价上涨绝不可小觑。以美联储为代表的各国央行一直谎称并未发生通胀，并称就算发生也可以控制。但在我看来，他们什么都不懂，对未来的发展趋势，也很少做出过正确的预判。

目前，美联储已经进行了几轮加息，未来是否会有一次震惊市场的大幅加息，很多股市参与者都在拭目以待。虽然我们还不知道美联储会提高多少利率来应对通胀，但根据以往的经验，每当美联储提高利率时，市场都会陷入短暂的恐慌。不过，当投资者意识到世界末日并未到来时，他们又会放下心来，重新买入股票。

央行最初的职能本该是稳定物价，现在却变成了通过金融政策来稳定股市。当它想要履行稳定物价这一最初的职能时，股市就会变得更加不安。这才是熊市真正到来的征兆。

如果通胀继续持续下去的话，普通人的生活将变得更加举步维艰，政府也将丧失公信力。然而，如果急于加息的话，股价又会持续下跌，这会引来通过股票赚取财富的中产阶级的不满。

一旦俄乌冲突应对失败，将加速去美元化的进程

——您认为，这次泡沫破裂会给世界经济带来何种影响呢？美国能否保持全球霸主地位，中国是否会加速崛起？

▼

罗杰斯：那就让我们再来谈谈当第 9 局下半场结束、泡沫破裂时会发生什么吧。我认为，美国经济的发展高峰已过，今后要么停滞不前，要么出现倒退。

而中国尽管受新冠疫情的冲击，经济发展有所放缓，但未来还是会在曲折迂回中前进。因此我认为，未来中国一定会领跑世界经济。

美国在取得今日霸主地位之前，国内也曾多

次爆发危机，经历过许多次严重的经济衰退、内战以及动乱，甚至还发生过像南北战争这样险些造成国家分裂的危机。有数据统计，在南北战争中丧生的美国人比丧生在其他所有美国战争中的美国人的总和还要多。

毫无疑问，中国未来也会面临各种各样的问题。比如，可能有些公司会破产，在下一次经济衰退到来时，也可能发生经营不善等意想不到的问题，但中国的发展前景仍然十分乐观。下一个领跑世界经济的国家肯定不会是日本或英国。尽管目前抛售美国股票、买入中国股票还为时尚早，但我本人一直在关注中国的股票。

虽然美元目前仍是全球关键货币，但总有一天美元会被其他货币所取代。现在，许多国家以美元借款（发行债券），但正如英镑曾经是全球关键货币一样，美元的地位也必然会被另一种货币所取代。

当发生世界性的危机时，投资者会误认为美元是一种安全货币，从而购入美元。然而，殊不知美国的债务创下了历史新高，美元早已不再是一种安全的货币。不过，因为仍有不少人认为美元很安全，所以美元价格仍维持在高位，并伴有泡沫的危险。这个时候，我希望大家能有足够的智慧，瞄准时机出售美元。

当把美元卖出之后，我们还应该思考买些什么，是黄金、白银还是人民币？由于目前还找不到美元的替代货币，在下次危机到来时，美元仍将升值。

我认为，要判断出售美元的时机，需要将美元当前的价格水平与过去的价格水平进行比较。如果美元价格正处于历史高位，或者大家都在谈论投资美元，那么就可以认为美元正处于泡沫状态。回顾历史你会发现，出现泡沫或行情过热的征兆从未发生过改变，比如"这次不一样，你不懂美元的重要性，只管买就行"，类似这样的说法与过去泡沫破裂前的说法如出一辙。

——诸如美联储加息，世界各国的央行同时降息的趋势已经发生了变化。

▼

罗杰斯：现在除了日本银行，世界上大多数央行都开始采取稳健的货币政策。受此影响，股票价格已经进入调整区域。不管是何种市场行情，股市的调整都是不可避免的。不过，具体从何时起，股市将从调整区域进入真正的熊市，这个时间点很难判断。但可以肯定的是，我们最好抛弃"牛市将永远持续下去"这种天真的想法。

股市调整和熊市是很难区分的，如果很容易区分，那么，每个人都会在股市中大赚一笔。

现阶段，我手上没有任何空头。不过，我正考虑在飙升到来之际持有空头。在债券方面，我已经开始持有小额的高收益债券 ETF 的空头。不过，当飙升到来之际，我认为债券将与股票一起反弹。

全球性
货币宽松政策
必将加速
粮食和能源
价格上涨

——能源和粮食价格的上涨，导致通胀产生。您认为，通胀的趋势是否会持续一段时间？如果俄乌冲突得以化解，能源和粮食价格能否恢复到原来的水平？

▼

罗杰斯：在最近几年，甚至近几个月内出现的状况，使市场的供求关系变得严重扭曲。背后的原因不仅仅是新冠疫情和俄乌冲突，还与电动汽车等行业的快速发展不无关系。

我们知道，生产电动汽车所需的铜是普通燃油车的 4～5 倍。同样，和燃油车相比，电动汽车所需的锂和铅也更多。而锂矿和铅矿的数量是有限的，因此难以满足如此巨大的市场需求。随着技术的进步，我想类似的情况还会在其他领域发生，因此今后，原材料和能源价格还会持续上涨。

另外，近几十年来持续低迷的农产品价格也有了较大涨幅。在新冠疫情和俄乌冲突的影响下，种植农作物的人不断减少，粮食产量也不断下降，由于供求关系发生了扭曲，从而造成物价上涨。加之，各国央行实施了空前的超宽松政策，使供求关系变得更加扭曲。

一方面供给受到新冠疫情的严重影响，另一方面需求则由于技术的进步以及央行实施的超宽松政策空前高涨。加息虽然会暂时抑制需求，但并不能增加农作物以及铜、铅的生产量，而且工厂也无法进行大规模的生产。

同时，物流的扭曲也造成了物资短缺，进而加剧了通胀。能源价格的飙升使得全球范围内的运输成本上升。此外，受新冠疫情的影响，大型工厂停产，大型港口被封锁，这些都影响了全球货运链，从而导致了世界范围内的产品和商品短缺。

——新冠疫情的蔓延似乎使得"全球化"暂时停滞，当疫情结束后，您认为全球化能否恢复到过去的水平？

▼

罗杰斯：当新冠疫情结束后，我当然希望大多数国家能像疫情前那样开放，也希望全球化恢复到此前的水平，但实际上要实现这一点并不容易。

首先，俄乌冲突给全球物流和供应链造成了严重冲击。西方越是加大对俄罗斯实施经济制裁的力度，市场对俄罗斯商品的需求也就越高。

其次，当本次泡沫破裂时，整个世界的经济

将会受到重创，从而造成全球化进程的停滞。经济衰退会导致大量公司破产，失业率也会直线上升。一连串的负面效应将席卷全球，而已经建立起来的全球化纽带会因此被切断。

所以，当整个世界都处于经济衰退的时候，我们需要寻找那些能够幸免于难的国家。比如，委内瑞拉所受的影响将极其有限，因为这个国家已经处于崩溃的边缘，所以泡沫破裂引起的全球经济衰退，对这个国家造成的损失也不会太大。

如果想在股市中获取成功，当经济衰退时，我们就必须找到适合买入的股票和公司。因为一旦危机结束，就会有大量的买家争相买入那些在危机中绝处逢生的公司和行业的股票，所以我们一定要有快人一步的投资胆识。

委内瑞拉、伊朗是极具魅力的海外投资地

——有人认为，新冠疫情是"现代资本主义的转折点"，您对此有何看法？

▼

罗杰斯：不可否认新冠疫情的确给我们的日常生活带来了诸多变化。因此，把它视为社会和时代的转折点无可厚非。但是，能否说它是"现代资本主义的转折点"，我认为还值得商榷。

历史上，无论是 1929 年开始的大萧条，还是第二次世界大战以及日本的泡沫经济破裂等都曾被说成是"现代资本主义的转折点"。每当发生重大危机时，人们都会说这将是现代资本主义的转折点。不管怎样，尽管现代资本主义发生了某种转折，但这并不意味着现代资本主义的终结。

现在，由于贫富差距、不平等的问题，越来越多的人呼吁应该重新审视分配制度。不过，如果没有驱动人们竞争与工作的动力，我们的社会也将难以维持发展。因此我认为，现阶段的分配制度仍然是一个可以让人们充满动力努力工作的制度。

当下一次经济衰退到来的时候，我想人们肯定还会大声叫嚷，说"现代资本主义遇到了危机"，我们要寻找一个"救世主"来化解危机。

最近，我常听到 MMT⊖这个词。MMT 的支持

⊖ 指现代货币理论（Modern Monetary Theory），原书中直接使用了英文简称。——译者注

者认为，只要一个政府不断发行本国货币，即便遭遇通胀，这个政府也不会破产。不过，在我看来，MMT 不应该是"Modern Monetary Theory"，而应该是"Modern Money Theory"的缩写才对。

对于经济学家、政治家来说，MMT 是一个非常方便的理论。随着政府的重建以及政府债务的增加，它的追随者必然会越来越多。比如，英国和日本央行的做法就极像 MMT 的信奉者。但历史清楚地表明，这种理论是错误的。如果 MMT 是正确的，那像委内瑞拉和津巴布韦这样背负巨额政府债务的国家，经济应该高速发展才对。

当前的经济发展和社会状况对于年轻人来说非常不利。像我这样的老年人可以通过借钱生活，但未来偿还欠债时却需要年轻人来买单。不管是美国、欧洲还是日本，我对那些生活在背负着巨额债务的国家的年轻人感到悲哀。如果是我，我会选择去一个负债较少的国家，或者努力学习应对风险的方法。

——罗杰斯先生，那您会去哪个国家呢？

罗杰斯：如果是我，我会去一个已经经历过巨大冲击的国家，因为它不可能变得更糟糕了。只要能撑过最开始的几年，这个国家就能够从冲击中逐步恢复过来。虽然实际移民到这些国家可能比较困难，但我认为，津巴布韦等国家都是不错的选择。

情况越危险，越义无反顾地往前冲，这是我的一贯作风。在我看来，委内瑞拉的经济恶化已经到头了。同时，我还在考虑要不要对伊朗也进行一些投资。

虽然作为一个美国人我很难对伊朗进行投资，这是一个很现实的问题，但我关注伊朗大致出于以下几方面考量。一方面是伊朗的石油和天然气存储量位居世界前列。另一方面是，伊朗遭到了国际社会的排挤。像这样的国家，其市场估值往往会低于它的实际价值。

再有，伊朗这个国家，年轻人口居多，而且整个国家"求变心切"。正因如此，在中东各国里，我个人认为伊朗最具魅力。

从未来
10 ~ 20 年来看，
日本人应该
投资什么

——日本银行（简称"日银"）现在仍在维持宽松的货币政策。或许它们已经是骑虎难下。您认为这将给今后的日本经济带来何种影响呢？

罗杰斯：对于日本而言，我想无论日银如何操纵股票和债券，都很难再赢得大多数市场参与者的信任，所以日元会被继续抛售。在过去很长一段时间里，日元很稳定，被视为避风港货币，但最近市场开始对日本失去信心。这一转变是决定性的，也就是说，无论日银采取何种举措，都无法再重拾市场的信任了。

日银维持宽松的货币政策，只会导致日元持续贬值。总有一天，日本国内会有人突然意识到日元的持续贬值是件异常的事。到那时，日银可能会通过提升利率转而采取紧缩的货币政策，但轻微的紧缩早已无济于事，为了重拾信任，日银可能需要不断地重复加息。

虽然目前日银还能够控制住局面，但当市场的参与者在市场中占据了主导地位时，对于背负着巨额债务的日本而言，将面临巨大的挑战。

日本的情况十分特殊。在如此长的时期内，坚持如此宽松的货币政策，这在发达国家的央行里十分少见。而且，将利率降到如此低的水准，在我的记忆里也是绝无仅有的。总有一天，日本政府会意识到它们有必要对宽松的货币政策做出调整。也许某一天日元的过度贬值会强行使它们醒悟。这是一个非常严峻的问题，我想这一天很快就会到来。目前，我手中还持有日本的 ETF，日元现在的持续贬值，让我感到非常担忧。

——您之前预测的通胀和日元贬值这些现象现在都已经显现出来。请问日本人该如何自保呢？

罗杰斯：应该持有一些在日元贬值时反而会升值的东西。如果能做到这一点，不但可以自保，还有可能赚取收益。这个道理不仅适用于日本人，我认为我们每个人都应该这样去做。比如农业或者黄金、白银等贵金属，这些都有升值的可能。虽然美债下跌了，但持有美元的话，就可以在日元出现贬值时自保。即便不是美元，只要是有升值的空间，持有哪种货币都是可以的。

——如果把目光放长远一点，未来 10 ～ 20 年，您认为日本人应该具体投资些什么呢？原因又是什么呢？

▼

罗杰斯：20 年实在太长了。大多数的牛市熊市或通胀都不会超过 20 年，最多也就持续 10 ～ 15 年。比如，第一次世界大战后，德国货币的熊市都没有持续 20 年。

至于应该投资什么，如果以 10 年为单位来考虑的话，我还是认为农业和贵金属的潜力很大。只要世界末日不到来，这些东西就是值得信赖的。而且就算世界末日真的来了，人们还是会在恐慌中去抢购黄金、白银这样的贵金属。

——您自己现在有正在关注的投资对象吗？
您最近都投资了什么项目呢？

▼

罗杰斯：农业在过去几十年里都没有怎么上涨，在我的投资生涯中算是比较糟糕的一次投资。不过，现在我还对农业投资特别关注。之前我还关注过因为俄乌冲突而暴跌的俄罗斯股票，但由于缺少购买渠道只好放弃。不过，我个人十分喜欢购买因战争等原因而大幅下跌的国家的股票。虽然我一直都在关注俄罗斯的股市，但由于它们暂停了股票交易，所以没有机会购买。

此外，我还在关注大宗商品。放眼世界，债券以及各国的房地产都在逐渐形成泡沫。日本的不动产，在我看来已经具有泡沫的征兆，还有像韩国和新西兰这样已经形成泡沫的国家。股票市场也存在很多泡沫。但是，我觉得投资大宗商品还是比较划算的。比如，银价已经从高价时下跌了 50%，所以还不算是泡沫。砂糖也是一样，和最高峰时期的价格相比下跌了很多，所以离泡沫还有很长一段距离。

最近，美国和中国的一些科技股和高峰时期的价格相比下跌了不少，如果交易得当的话，应该可以赚钱。但是，我不擅长投机性交易，我更愿意投资能够长期持有的东西，所以比起科技股我更关注大宗商品。

第
2
章

俄乌冲突将给世界带来怎样的改变

——西半球国家将丧失优势，
中国的影响力会大幅提升

因俄乌冲突
而下跌的
俄罗斯股市

——这次的俄乌冲突给世界经济带来的最大影响是什么？

罗杰斯：一旦发生战争，一切都会陷入混乱。无论是生产、制造还是消费都会受到影响。众所周知，俄罗斯和乌克兰都是粮食出口大国，而且俄罗斯还是重要的原油和金属的生产国，它们对世界经济的影响是显而易见的。

虽然也有人认为这两个国家算不上什么经济大国，在世界经济中也没有扮演重要的角色，但我认为事实绝非如此。俄罗斯和乌克兰这两个国家一旦脱离全球经济体系，将会对世界经济造成严重冲击，特别会对西方各发达国家产生巨大影响。这就是 21 世纪以来，以美国为中心建构起来的全球经济体系。

目前我比较担心的是，西方因俄乌冲突而对俄罗斯施加的经济制裁会对美元造成冲击。虽然美元现在是全球关键货币，但未来美元在很多方面都令人感到担忧。

美国现在已经成为全球最大的债务国，而美国作为关键货币国，却以俄乌冲突为由将俄罗斯排除在国际资金清算系统之外，使其不能使用美元。这一做法在我看来是值得商榷的。既然美元是关键货币，就应该始终保持中立的立场才对。

再者，如果美国进一步加大对俄罗斯的制裁，将其在美国国内的资产冻结的话，将会招致更大的反感，这会让俄罗斯下定决心去美元化。如果仅仅是俄罗斯一个国家还好，恐怕会有更多的国家紧随其后。

这次的俄乌冲突加速了去美元化进程，就算还未真正走到这一步，也会有更多的国家对美元表示担忧。回顾过去的历史不难发现，一种货币持续作为全球关键货币流通，最长也只持续了 100 ～ 150 年。如果这么看，美元的时代差不多已经接近尾声。虽然我作为一个持有美元的美国人并不想认同这一点，但这是客观事实，是无可奈何的事。

也有人认为下一个关键货币会是比特币。不要说美国了，世界各国的政府都不会允许这样的事情发生。不过，必须指出的是纸币终将消失，未来所有的支付都将转为电子支付，这一点是毋庸置疑的。如果真正的危机来临，黄金也可能成为关键货币。

——您如何看待俄罗斯的经济状况以及未来卢布的走势呢？俄乌冲突刚开始时卢布出现了暴跌，但现在已经回升了很多。

▼

罗杰斯：当战争刚开始的时候，就应该将目光投向当事国的市场。投资因发生战争而导致价格暴跌的国家，从长远来看，大多数情况都能够获得收益。

当然，也有例外。比如，如果你在 20 世纪五六十年代投资了某些国家，它们到现在也没有恢复到当时的水平。但是，在大多数情况下，趁着发生战争、股票暴跌而买入的话，是能够获得相当可观的收益的。

　　如果可以的话，我本人也想低价买入俄罗斯和乌克兰的货币或是股票。说实话，我对卢布的反弹有些惊讶。就俄罗斯这个国家本身而言，与欧美和日本相比，其政府的负债较少，国民的负债也相对较少。冷静下来想一想的话，你会发现俄罗斯的经济基础要比西欧各国扎实很多。再加上，能源价格的高涨会让俄罗斯的经济基础变得越发稳固。

　　有人认为，现在爆发的俄乌冲突过错在于西方。早在 2008 年的时候，美国就认为应该让乌克兰加入北约。2014 年的时候，美国又做出同样的表态。而俄罗斯将乌克兰处于美国影响下视为它们的国防危机。

　　第一次世界大战也是从一点点微小的火苗开始爆发的。我希望这次的俄乌冲突不会成为这样一个火苗。一旦世界上的主要国家分成两个阵营开始对立，巨大的灾难将无法避免，这无疑会酿成史上最严重的悲剧。现在，唯一能令人感到些许庆幸的是，全面支持美国实施制裁的国家并没有想象的那么多。

经济
全球化的
终结将加快
欧美国家的
衰落

——面对俄乌冲突，中国的应对备受瞩目。

▼

罗杰斯：看起来，中国采取了比较冷静的应对方式，只是呼吁双方应该保持克制，进行停战谈判。站在中国的立场上看，这次虽然是实现中国主张的"核心利益"的绝好机会，但中国还是保持了非常冷静的应对方式，这令我感到惊讶。

但是，随着俄乌冲突不断升级，西方各国的衰退将会暴露无遗，无论是在政治上还是在经济上，西方已经开始走下坡路。西方各国今后不得不投入大量的预算来加强国防建设，并且粮食与能源所需的开销也是巨大的。

——那俄乌冲突会给美国带来何种影响呢？美国人民能否接受能源价格的上涨以及通胀呢？

▼

罗杰斯：美国这次也投入了巨额资金援助乌克兰。这一举动从长远来看，可能会降低人们对美元的信任度。但是，就现在而言，我所有的资产仍是美元，没有改变。这是因为正如我刚才所说，即便在不久的将来，下一次危机爆发时，美元仍旧是关键货币，那个时候，人们还是会购入美元。

俄乌冲突爆发以来，随着能源价格的不断上涨，美国的物价也开始飙升。不论哪个国家的人

民都无法接受通胀。而且，人们不会意识不到通
胀的存在。因为就算人们对外交或国防漠不关心，
但是对与日常生活息息相关的食品和日用品的价
格上涨还是非常在意的。

——高度依赖俄罗斯能源的欧洲（欧盟），将被迫做出重大调整。您认为，欧洲将会发生何种变化呢？

▼

罗杰斯：欧洲虽然大肆指责俄罗斯，但在俄乌冲突爆发后，并未停止从俄罗斯进口能源。这是因为除了俄罗斯之外，欧洲已经没有其他进口能源的途径了。美国虽然说"没关系，我们会提供支援"，但它们知道这不过是一个完全不可信的假消息。

法国的多个核电站还在运转，还在大量使用核能。同时，德国虽然计划在 2022 年底关停所有核电站，但现在它正在研判是否要重新启用核能。

因为只要使用方法得当，核能是一种比其他能源更安全、更清洁的能源，所以德国一定会再次研判是否需要重启核能。核能要比天然气和石油、煤炭清洁得多。

如果在处理俄乌冲突上应对失败的话，欧洲将会与俄罗斯直接正面交锋。特别是对欧洲最强的德国来说，今后国防支出和与能源相关的负担将会加重。虽然德国的部分产业仍然具有竞争力，但德国政府的债务势必会增加，因此德国的地位将会有所下降。

——如果受俄乌冲突的影响，形成了阻碍全球化的经济壁垒，会导致通胀，股价和资产也会上涨吗？

▼

罗杰斯：为了实现经济全球化，最重要的就是要有一个大家都能使用的货币。现在的经济全球化，是依靠美元的公信力建立起来的。20 世纪 90 年代"冷战"结束后，所有的新兴国家也都认可美元的霸主地位，并且加入了由美国主导的经济体制。但是，现在美元的霸主地位开始动摇，今后的经济全球化也可能会随之发生改变。

当然，如果今后国际社会中的国家彼此之间竖起经济壁垒的话，整个世界将会划分为多个集团，如此一来就可能形成像"冷战"时期那样的通胀。人员、物资、资金无法流通，商业活动也会陷入停滞。一旦缺少大家都认可的货币，那么开展商业活动的成本就会增加。

虽然我并不想拿 20 世纪 30 年代来打比方，但现在的情况似乎与当时非常相似。19 世纪末和 20 世纪初，世界开始了全球化进程，但 20 世纪 30 年代又出现了各种经济集团，阻碍了全球化进程。被认为是美国史上最糟糕的法案——《斯穆特－霍利关税法》就是在这一时期形成的。以美国为首，当时的主要国家都放弃了自由贸易，转而采取贸易保护主义政策。

现在出现了一些和 20 世纪 30 年代相似的动向，这让我有些惴惴不安。一个典型的例子就是，西方企图在半导体制造上围堵和打压中国，因为无论是在军事领域，还是在生产制造上，半导体都发挥着不可替代的作用。未来，围绕能源和粮食也必将会出现类似的趋势。

当然，目前美国还是西方的核心，但未来美国的力量将会逐渐衰弱。

"冷战"时期，苏联是对抗美国的主要国家。但现在，谁会成为下一个实力足以与美国相抗衡的国家，无人知晓。虽然我不认为会像"冷战"时期那样，出现两大阵营之间的对峙，但我担心会出现多个集团。

在这次俄乌冲突中，大多数国家都选择了中立。这表明国际政治关系已经发生了改变，美国的实力已经无法再和二三十年前相比。

从这个意义上来说，美国肆意妄为的时代终将结束，而基于道德的新国际秩序必将形成。

拜登的
增税政策
将加速
富人逃离美国

——您对美国未来的发展如此悲观，您是如何评价拜登政府的？

▼

罗杰斯：拜登总统自从政以来就一直致力于增加个人支出和贷款，同时他也是增税的支持者，他身边的人也对此表示赞同。总体而言，拜登政府追求的是"大政府"，因此并不排斥增加财政赤字。此外，针对高收入者，拜登总统表示将重新考虑养老金的扣除额度，对国民们辛苦积累起来的退休资金，也打算加税。

虽然拜登政府表示要努力解决环境问题，但实际上已经落后于中国。而环境问题以外的其他政策，力度也十分有限，很多公约仅仅是口头承诺。我们已经看到，在特朗普总统任期内，让世界变糟是一件多么容易的事。这么说并不是讽刺，我真心希望拜登总统能让世界向好的方向发展。

——对超级富豪加税是拜登政府主打的政策之一。这一政策是否会让美国的富人把资产和货币转移到更安全的地方？

▼

罗杰斯：今后，向海外转移资产的富人一定会增多。如果只是转移资产还好，我听说越来越多的富人开始放弃美国国籍，当然这一点还需要进一步核实。目前，美国国内问题堆积如山，尤其对富人而言，令他们担忧的问题很多。关于财富再分配的争议一直不断，只要经济不景气，外国人和富人就会成为被指责的对象。

不过，想要取得美国国籍的人也有很多。但像当前这样，美国人中有很多想要移居国外，这在美国历史上是罕见的。托马斯·杰斐逊是美国历史上最著名的平等论者，但他明确指出，从成功人士的手中夺走资产是错误的。

虽然不能对贫富差距问题置之不理，但如果强化加税政策以提高政府收入，反而会造成资本外流，最终导致国家衰退。100 年前的英国就是前车之鉴。当时英国政府的支出和债务规模不断增加，在多次加税后逐渐丧失了国际竞争力。

——如果大量富人移居海外，美国社会是否会出现"空洞化"呢？

罗杰斯：拜登的提案大都需要巨额的财政支出，但刺激国内投资的举措却很少。美国经济的现状是，必须吸引资本进入国内，加大对国内的投资，因此如果我是副总统的话，我会立刻直言要求拜登总统辞职。

事实上，美国政府的债务已经达到史无前例的规模，别说偿还了，负债规模还在持续扩大。历史证明，如果一个国家的债务不断增加，几年或几十年后这个国家将陷入严重危机。拜登总统要么是不懂历史，要么是无视历史，而特朗普总统虽然不懂历史，但他总感觉自己能够战胜历史。

和特朗普一样，为了获得支持，拜登总统也在不断扩大债务规模，而不考虑相应的后果。不论对富人征收多少税，那都是杯水车薪，只能填补一小部分债务，而且还会造成资本外流，得不偿失。社会要发展离不开资本，但不是向国民大把撒钱，而要用资本修建工厂，制造出具有竞争力的产品。只是一味地增加债务，这样的政策是无法激发国家活力的。

向环境
友好型社会
转型是日本
产业界面临的
最大危机

罗杰斯：为了摆脱现在这种由债务引发的恶性循环，必须尽快控制支出和贷款。不过，这么做会让政治家失去选票。美国和日本的政治都是如此，政治家擅长拉选票，却很少关心下一代。因为孩子没有选举权，所以政治家们可以对他们视而不见。等到现在的孩子到了可以投票的年龄，估计美国已经像先前的英国那样破产了。

英国在 1976 年破产⊖后，从 IMF 紧急贷款。但贷款条件是，英国必须削减政府支出和缩小财政赤字。1979 年，撒切尔夫人出任首相，她提出了许多好的方案，以解决先前被政治家搁置的问题。从这一点上讲，她是一位出色的政治家。但

⊖ 是否可以说英国在 1976 年破产至今仍然是有争议的。1976年，英国面临严重的金融危机，政府不得不从 IMF 借了大约40 亿美元，这是当时 IMF 批准过的最高贷款。IMF 帮助英国避免了彻底破产。——译者注

是，她所领导的一系列改革之所以能够成功，最大的原因却在于北海油田的开发和生产。

20 世纪 60 年代后期，英国启动了北海油田的开发项目，但离实际产出还需要一段时间。到了 80 年代，英国通过北海油田获得了大量资金，成功地从 70 年代的困境中走出来。这才是英国得以重生的最大原因，而不是什么新自由主义使英国复活。如果给我这样大规模的油田，我也能靠油田收益推行善政，和国民一起度过一段美好的时光。

——拜登政府的环保政策，被称为"自由极权主义"或"生态极权主义"。如果真的向环境友好型社会转变，这将对拥有先进技术的日本有利吗？

▼

罗杰斯：应该不会有人反对生态主义或清洁能源吧？大家都不希望呼吸被污染的空气，喝浑浊的水。我想任何人都会赞成清洁能源政策。同样，我也是因为想呼吸清新的空气，才选择移居新加坡。

解决各种各样的环境问题需要大量的投资，因此，拥有先进环保技术的国家和已经在向环境友好型社会转型方面进行了投资的国家会拥有优势。如果日本已经在着手解决环境问题的话，那后面就可以减少很多支出。

但是，这个领域的技术革新非常快。日本给人的印象是环境发达国家，但在技术革新上日本是否跟上了世界的步伐？我不是工程师，不知道具体的技术，但至少从投资者的角度看，日本在这个领域的竞争力并不高。

日本的确在大力发展本国的清洁能源，在这一点上或许是有利的，但如果不及时更新技术，为市场提供具有竞争力的产品，那么优势很快就会消失殆尽。举个例子，为了向环境友好型社会转型，中国投入了巨额资金，这将对日本环境产业形成挑战。反观印度，虽然印度的环境污染十分严重，但印度政府却很少投资环境领域。

——中国的电动汽车（EV）会对日本汽车行业构成挑战吗？

▼

罗杰斯：中国在电动汽车领域投入了巨额资金进行研发，这不仅对日本，而且对全世界的汽车行业都将构成挑战。中国正在大力发展电动汽车，并且已经取得了成效。

我在上一本书中介绍过，当丰田准备进入美国市场时，美国通用汽车（GM）的管理者们对此并不以为然，现在的丰田不就像当年的通用汽车吗？如果轻视中国的汽车制造公司，认为不是自己的对手，今后就会吃苦头。我并不是在指责丰田，我只是以丰田为例，给整个日本产业界敲个警钟。

世界在不断变化，优秀人才、技术、企业也会层出不穷。如果输掉竞争，就会被对手甩在后面。虽然不知道未来谁会成为电动汽车行业的领军者，但很显然，汽车行业很快将迎来堪称"历史转折"的巨变。

在电动汽车领域，除了中国，美国的埃隆·马斯克也备受关注。但是，他领导的特斯拉公司并未在汽车销售上盈利，因此给人一种尚未步入正轨的感觉。虽然现在由于泡沫，特斯拉很容易就能筹集到资金，但如果一家汽车公司的盈利仅仅是通过碳排放权或比特币交易，而不是通过汽车销售的话，那么未来将会是悲剧性的。

我很看好汽车行业的投资前景，也一直在关注。虽然目前并未持有像特斯拉、中国蔚来这样的电动汽车制造公司或自动驾驶相关企业的股票，但我投资了与制造电动汽车不可缺少的铜和其他金属相关的股票。

不应采取 "围堵中国" 的政策，而应该与其共同发展

——您是如何看待未来中美两国关系的？华尔街应该是不希望与中国产生对立的吧。

罗杰斯：前总统特朗普曾一心抹黑中国。因此，在美国国内，反中、反亚裔的情绪被煽动起来，针对亚裔的暴力事件也频频发生。虽然有良知的人一直在主张种族歧视是错误的，但反中、反亚裔的情绪并未好转。

最近，美国虽然通过了一项法律，将歧视亚裔视为违法行为，但是现状却并未改变，仇恨和暴力仍在继续。非常遗憾的是，要解决这个问题除了借助时间的力量，恐怕别无他法。

同时，时间也可能带来灾难性的影响。随着时间的流逝，事情可能会朝更坏的方向发展。到目前为止，美国在对华关系上采取的一系列措施，丝毫未改善美中关系，仅仅是一些口头上的社交辞令而已。

我衷心希望美中两国的矛盾不会进一步升级。

——您对日本的对华策略有何看法？

▼

罗杰斯：不仅是日本和中国，我认为美国不应该挑起与任何一个国家的斗争。1978年，在邓小平的努力下，中国实行改革开放。之后的三四十年，特别是进入20世纪90年代后，中国的改革开放政策使中国经济实现了腾飞。而中国经济的成长又拉动了在中国投资的美日两国经济的增长。这样来看，中国和美日之间其实是双赢的关系。

虽然随着中国的快速发展，中国与美国之间的摩擦不可避免，但如果我是日本领导人，我不会选择加入，而是会考虑如何参与到中国的发展中，与中国实现共同发展。找到一条能实现互利共赢的道路，这对日本是有益的。

虽然我不是日本的政治家，但我希望他们能够和中国开展合作，与中国实现互利共赢。比如，日本从事农业的人口一直在减少，而中国拥有世界最多的人口，如果能让中国的农民来日本发展农业，或许不失为一个办法。

但是我知道，日本绝不会做出这样的选择。无论日本农业如何衰退，即使到了颗粒无收的地步，日本也不会接受移民。不论如何强调接受移民的好处，很多日本人都认为比起接受外国移民，还不如自己抱团灭亡。这让我很震惊。

——中国股市的表现似乎不如美国股市。

罗杰斯：在美国股市指数中，（亚马逊、谷歌等）泡沫股占了很大的比例，因此无法反映美国股市的真实情况。虽然中国股市中也有泡沫股，但数量上不及美国。在美国，一半左右的人口拥有证券账户，这催生了泡沫，导致股价上涨。

与此相对，中国拥有证券账户的人口仅限于富裕程度较高的人群。不过，中国投资者也在慢慢增加，今后泡沫股可能也会增加。我投资了中国股市，持有了几只股票，所以我一直关注着中国股市的动向。

另外，中国的商品市场魅力巨大。大连商品交易所的大豆期货交易量已经超过了美国的芝加哥商品交易所。但令人遗憾的是，大连商品交易所尚未对外国人开放。

债务危机将
夺走发展机遇，
增税只会使
社会丧失活力

——关于增税对经济的影响，有哪些历史教训呢？

▼

罗杰斯：在日本，不少人认为"既然国家债务增加了，就应该进一步增税"，因此赞成增税。尤其是老年人，养老金是他们维持生活的根本，因此他们担心国家财政破产。但这种应对方法是错误的。

不仅是日本，美国和其他国家的应对也是错误的。增税对经济几乎没有好处，但由于这种方式简单，所以一直为各国政府所喜爱。通过不断地举债和增税，政府也能增加自身的工作，因此这样会陷入恶性循环。

以美国为例，纽约州的人口一直没有增加，而得克萨斯州和佛罗里达州的人口却年年增加。这是因为纽约州即使在美国也是以高税收而闻名的。纽约州州长曾说："希望大家以住在纽约并缴纳高额税金为荣。"但现实却是，很少有人为了缴纳高额税金特地搬到纽约，大部分人更愿意搬到得克萨斯州或迈阿密。

新泽西州过去有个叫特伦顿的大城市。与隔河相对的费城一样，特伦顿也在不断增税。最终，特伦顿走向了衰退，今天甚至没人听说过这个城市。同样，伦敦和德国的一些城市也在提高税收，未来可能也会出现人口减少的问题。

回顾历史，在 20 世纪 20 年代，没有一个国家比英国更富。但随着税收不断提高，英国在 50

年后即 1976 年破产了。如果日本不采取措施的话，50 年后，或许用不了 50 年就会迎来破产。葡萄牙和西班牙过去也曾是富裕且强大的国家，但现在已不见昔日辉煌。增税会让一个国家走向衰退，这是历史规律。

美国政府提高所得税的税率，虽然是为了解决贫富差距问题，但我认为，在消费税和所得税之间，如果一定要选择的话，那还是提高消费税比较好。因为要使社会更加富裕，投资比消费更合适。如果提高消费税，人们可能会减少消费，将资金用于投资。

有效地使用资本，就能创造出具有活力的经济和富裕的社会。而仅靠消费，社会并不会变得富有，更何况，为了消费而让国民负债累累的国家，未来是绝望的。

——拜登总统积极进行基础设施投资，被称为"21世纪罗斯福新政"，您如何评价"二战"前的罗斯福新政？

▼

罗杰斯：必须指出的是，20世纪30年代罗斯福新政出台时，当时的美国政府没有什么债务，19世纪还是债务国的美国，在20世纪成为债权国。债权国借债，这没有太大问题，但对罗斯福新政却需要另行评价。

罗斯福新政出台时，时任财政部部长的小亨利·摩根索曾说："我们可能只是单纯地在借钱而已。"他对这一政策的成效提出了质疑。事实也确实如他所言，如果后来没有发生"二战"，美国将

直接成为债务国，根本不可能成为霸权国家。战
争爆发后，美国国民无法消费，不得不进行储蓄。
虽然国家背负了大量债务，但政府使用民间储蓄
对生产设备进行了投资。得益于此，美国经济迅
速恢复，社会变得富裕起来。

再加上，战后的美国，通过对疲惫不堪的日
本和欧洲进行了巨额投资，也获得了巨大的经济
回报。

未来有哪些
产业、国家和
地区将迎来
发展机遇

——如果出现财政破产，抑或是没有财政破产但发生了恶性通胀的话，我们应该如何守住现在的资产和生活？

罗杰斯：我的建议很明确，投资你了解的东西。我认为日本的农业会取得飞跃性的成功，但如果你对农业一无所知，就不要投资它。成功的生存之道就是投资你了解的东西。

如果你对什么都不了解，那就把钱存到银行账户里好了。这样做虽然赚不到很多钱，但你也不会损失什么。杠杆也是如此，如果你不了解它，就千万别去碰它。那么做可能会使你一夜之间倾家荡产。当然，如果你精于此，也有可能获得巨大的成功。

——您现在看好的产业和企业是什么呢？

▼

罗杰斯：研发新科技的公司会取得巨大成功。19世纪后期，当爱迪生将白炽灯发明出来后，随着电力的普及，无数人失去了工作，但这项发明对全人类来说却是利大于弊的。

这样来看，区块链将会是一个发展前景良好且魅力十足的产业。就像白炽灯改变了世界一样，区块链也将改变世界。当然，许多人也会因区块链技术的出现而失去工作。

日本、美国和英国等背负巨额债务的国家将丧失发展的机会。从前，人才和资金都涌向硅谷，科技创新和新产品都是在硅谷被研发出来的，但今后，深圳将成为科技创新的中心。

中国每年涌现出来的工程师人数是美国的 10 倍以上。当然，拥有 10 倍以上数量的工程师并不一定意味着成功，但这无疑会增加创新成果诞生的概率。未来，腾讯、阿里巴巴和百度的创新成果一定会超越 GAFA[⊖]。

⊖ Google，Apple，Facebook 和 Amazon 的缩写。——译者注

第
3
章

日元贬值、通胀背景下
日本人该如何保住资产

——为"日本末日"准备一个 B 计划

这样下去，
20 年后
"日本末日"
将成为现实

——您对日本政府在新冠疫情中采取的各种措施有何评价?

罗杰斯:我不认为日本的应对方式一定正确。因为不仅仅是日本,还有一些处于窘境中的政府也不会对它们的国民说实话,所以对于政府传递出来的信息,我一向不会照单全收。不过,从新闻中报道的情况来看,那些国家的应对措施未必就比日本好。

当然,抗击疫情会加大政府债务,对于所有国家来说都是如此。日本的感染和死亡人数明显低于美国和欧洲各国。这应该是政府的应对措施、日本的医疗系统以及国民素质等因素共同作用的结果。

目前我们还无法判断关闭边境和阻止人员、物资流动是不是一个正确的决断。这个问题的答案或许要到 5 年后才会揭晓。就像进行外科手术一样，有时治疗反而会使病情更加恶化。

——您一直担心日本的财政状况，在应对疫情后，现在又进一步恶化了。

▼

罗杰斯：要知道这一系列的疫情应对措施是否得当，需要我们进行仔细的验证，但可以肯定的是，财政赤字增加无疑是件坏事。我以前曾多次提醒，当国家处于混乱时，日本人应该认真思考如何进行自我保护。

2019 年，我在"东洋经济在线"上发表了一篇文章，大意是"如果我是一个 10 岁的日本人，要么逃离日本，要么学会用 AK-47（自动步枪）"。这篇文章引起了很大反响，直到现在仍有不少有识之士对我文中的观点表示赞同，多家媒体也对此进行了报道。

人口预测是各种预测中最准的一种。据日本国立社会保障与人口问题研究所推算，日本 2021 年出生的新生儿人数约为 81.1 万，比前一年减少了 3 万。预计到 2040 年，出生人数将下降到约为 70 万。

到 2040 年，1970 年出生的、年满 70 岁的人口将多达 200 万。到那时，70 岁的人可能不再被视为老年人，但我不认为现行的社会保障制度到那个时候还能够维持。这不是我个人的看法或感想，而是基于数字得出的事实。

未来日本若想继续确保社会稳定、人民生活富裕，要么以极快的速度提高人口出生率，要么接受移民，或者以难以想象的速度减少负债，否则，前景是绝望的。年轻人减少，老年人增多，要维持现在的社会保障水平，除非对为数不多的年轻人征收重税，否则只能继续增加债务。

如果不采取任何措施，迎接日本的将是一个可怕的未来。虽然可能不会立刻亡国，但就像其他经济破产的国家一样，将注定走上被外国资本操控的不归之路。大多数中产阶级将比现在更穷困。如果发生这种情况，像现在这样平稳而富裕的生活将难以为继。

我想再一次告诉日本的孩子们：如果你现在10 岁，要么逃离日本，要么学会使用 AK-47（自动步枪）。因为在你们有生之年，社会的混乱将难以避免。

经济和社会的复兴需要"严厉的爱"

当发生严重的经济危机时，受到冲击最大的便是中产阶级。许多人将失业、破产，甚至连他们最重视的子女受教育的机会也可能被剥夺。

到那时，媒体和专家也一定会大声疾呼"中产阶级是最大的受害者"。愤怒的中产阶级可能会对政府和富人采取暴力抗议。不过幸运的是，日本在"二战"后还没有经历过这样的事，但这种情景却曾在历史上多次上演。

再过20～30年，日本的年轻人口数量锐减，剩下的就只有巨额的债务了。历史经验和国外先例反复证明，在此种情况下，动乱随时都有可能爆发。到那时，像今天这样和平安宁、谦卑有礼的日本将一去不复返。

大多数日本人在迄今为止的人生中只体会过

这个国家的繁荣与和平。然而，若无奇迹发生，20～30 年后，也可能 10 年之后异变就会发生。

历史证明，一个国家一旦开始覆灭，将会在一瞬间倾倒。1919 年访问英国的人都会说，再没有见过这样美好的国家了。当时，英国是世界上的超级大国，无论在金融、制造还是文化产业方面都走在世界的最前沿。但是，自 1919 年以来，英国人的生活水准就一直没有提高，1976 年甚至沦落到被国际货币基金组织搭救的地步。其原因就在于英国人同日本人一样，厌恶"变革"。

可能有些日本人会认为，即便衰落，能像英国那样不也挺好的吗？虽然不是世界第一，但也还是世界前五或前十的国家。然而，一旦开始衰落，日本能否像英国那样保住大国地位，是值得怀疑的。英国的运气不错，因为它们有北海油田，能够通过生产世界所需的石油和天然气维持国力。

当然，同样的情况未必不会发生在日本身上。日本作为一个海洋国家，或许某个地方就埋藏着世界急需的能源和稀缺资源，但把希望寄托于此无异于赌博，而我不是一个赌徒。

——日本已经 30 年没有什么"变化"了。

▼

罗杰斯： 20 世纪 90 年代前期，泡沫经济破裂后，日本政府通过大量举债挽救了很多企业。此后，日本进入失去的十年。可是十年过去了，事态并未好转，之后又过了两个十年。直到三十年后的今天，股价仍停留在当时最高点的 40% 左右。

在同一时期，瑞典也经历了一场金融危机，但政府并未伸出援手，而是放任许多公司倒闭。虽然在困境中苦苦挣扎了一两年，但此后瑞典经济迅速复苏，如今的股价已远高于 20 世纪 90 年代的峰值，国家财政制度也比日本健全得多。

再举一个例子。1920 年，美国出现了经济萧条。央行试图通过提高利率来改善财政状况。虽然在之后的数年里，状况仍不乐观，但到了 20 世纪 20 年代末却实现了惊人的经济增长。虽然最初的那几年承受了破产的痛苦，但随后经济实现了强势逆转。这一点与日本截然不同。

这是摆脱泡沫后遗症、使经济复苏的最佳方式。谁都不可能在毫无痛苦的情况下重获新生。这就像管教孩子一样，如果他们做错了什么，你必须训斥他们，责令他们改正，也就是需要"严厉的爱"。在当时对于当事人来说可能是痛苦的，但从长远来看，则是为新生打下了基础。

"国际金融
都市构想"
将考验
日本人的决心

——您对日本政府提出的"国际金融都市构想"有何看法？这一构想似乎是受了新加坡的启发，您认为日本会像新加坡一样取得成功吗？

罗杰斯：我通过很多途径对国际金融都市构想有一定了解。然而，我并不会为这些信息感到兴奋，因为类似的构想不仅日本有，其他国家也都已经提出过。比如，美国几乎每个州都信誓旦旦地宣称"我们将成为下一个硅谷"。

然而，我发自内心地希望我所喜爱的日本能够建成亚洲的国际金融都市。但为此，日本政府必须下定决心，把自己打造成一个接受外国人，向外国开放的国家和社会。

虽然东京是一个非常适合成为国际金融中心的大都会，但日本长期以来一直是封闭的、不接受外国人的。当然，日本的政治家会说"我们欣然接受外国人"，实际情况却并非如此。仍有不少人认为日本只生活着日本人。可以佐证的例子举目皆是。

比如，当我到达日本，想在成田机场取一些现金时，却发现外国发行的信用卡无法使用。大家可以想象一下，作为世界上屈指可数的国际大机场，竟然无法使用外国的信用卡。这无疑证明了日本人根本没有考虑到外国人的存在。欧美国家自不用说，就是在中国、韩国的机场，外国发行的信用卡也是可以用的。

另外，数字化技术落后也是个大问题。在新加坡，很多申请可以通过线上办理，但在日本，仍要提交纸质申请。可能日本人并不觉得这样很烦琐，但从一个外国人的角度看，会觉得这比在线上操作麻烦许多。

如果日本有一个像李光耀这样的领导人，估计很快就会发生变化。当我提出要移居新加坡时，他表示非常欢迎。当然，这也可能是因为我接受过高等教育，并且拥有一定的资产。

然而，假如有一天我移居到日本，大概我也只能得到工作签证，而无法取得日本国籍。如果日本真想吸引外国人和外国公司，把自己建成国际金融都市，我希望日本政府能先把证据拿出来。

——这和日本是一个岛国有很大关系吗？

罗杰斯：对外开放程度高的岛国也不在少数。不过，在接受外国人方面表现消极的国家确实不只有日本。在很长一段时间里，韩国也非常封闭，甚至被称为"隐士之国"。即使在今天，韩国仍有不少限制，在接受外国人这件事上的态度也很谨慎。此外，雅加达和吉隆坡也同样谨慎，因此它们都很难成为国际金融中心。

总体而言，亚洲国家在接受外国人和给外国公司提供商业机会方面都表现出谨慎的态度。这就是为什么我相信，只要日本下定决心接受外国人和外国公司，就一定能取得成功。

　　在我看来，如今在亚洲称得上国际金融都市
的只有新加坡。如前所述，首尔远未达到国际金
融都市的水平，外国人甚至很难在韩国股市中进
行投资。

——如果日本仍坚持封闭、不接受移民的话，日本的未来将很悲观吗？

罗杰斯：我想会有很多人去日本投资，调查结果显示，疫情结束后日本是大家最想去旅游的国家。如果施策得当，我认为日本将成为疫情后经济恢复最显著的国家。

等可以旅行了，我最想去的地方也是日本。但正如我多次指出的那样，日本政府必须把变革落到实处，而不仅仅是嘴上说说而已。

但也正如我反复强调的那样，日本政府不应只是口头承诺，而应该进行真正的变革。倘若能留住像李光耀这样的人，制定吸引外国人政策的话，将会有更多的外国劳动者来到日本。

毫无疑问，他们将为日本的复兴带来活力，对于人口不断减少的日本而言，他们或将成为"救世主"。前往海外移民的都是一些渴望挑战的人。因为他们要离开亲人和朋友，离开自己熟悉的祖国远赴他乡。如果日本能够接受这些积极向上且充满活力的人，将有助于自身发展。

50 年前，新加坡在李光耀的带领下，采取了一系列政策，吸引了大批高学历、高技能的人才。他的政策可谓是"大手笔"，只要外国人移民到新加坡，不管是土地，还是房子，什么都分配给你，而正是这成就了今天的新加坡。

美国也是一个靠积极接受移民而成功的国家。

美国不仅给外国人土地，还制定了很多鼓励移民
的政策。而且，美国也从来不问这些移民过往经
历如何，不管是出身亚洲还是非洲，都能够一视
同仁地给予他们土地。也不管有无财产，都接受
他们移民。19 世纪以后，美国成了移民者的天堂，
而这些移民成为美国发展的强大动力。

50年后
东京将
魅力不再

——以前也问过您同样的问题，如果您是日本的政治家，您会推行什么样的政策？

▼

罗杰斯：正如我以前回答的那样，若我是日本政治家，我将率先着手应对少子化问题，思考如何提高女性的生育意愿。为此，我认为应该投入更多的预算。

同时，我会立刻对日本的财政进行整改。目前，日本财政预算中的年度支出远高于年度收入。发行国债已成为新常态，财政赤字年年增加。我已经多次指出，这种状况不可能永远持续下去。

若如此持续下去，即便财政不崩溃，社会经

济也会崩溃。若没有稳健的财政，迟早有一天国债的利率会暴涨，日元会急剧贬值。到那时，日本国民便很难再过上当前这样的富裕生活。因此我认为，必须果断削减不必要的财政支出。

然后，我会着手制定移民政策。比如，如何让日本像新加坡一样，吸引到那些拥有高超技术水平的外国移民。若能把这些优秀的外国人引入日本，或许能在一定程度上缓解日本的老龄化问题。

另外，那些拥有各种奇思妙想的外国人来到日本，或许还能带来种种"变革"，进而将日本打造成一个富于创新的社会。总之，必须立刻行动，留给日本的时间已经不多了，等到衰退再着手就为时晚矣。

说点题外话，如果今天美国也开始衰退，那么，像纽约这样的大城市也将失去魅力。巴黎就是一个很好的例子。在 100 ～ 120 年前，巴黎是当时世界上最令人向往的城市。在第一次世界大战前，巴黎汇集了全世界最优秀的思想家和艺术家，像毕加索、莫迪里阿尼，他们都憧憬巴黎，并在巴黎绽放了艺术才能。

同样，如果美国开始衰退，纽约这座城市虽然不会消失，但它的存在感将会一落千丈。如果日本衰退的话，今后东京也必将失去魅力。对此我会深感遗憾，因为东京是我最喜爱的城市之一。

不过，可以肯定的是，50 年后，日本的总人口将会减少到 7500 万，债务持续增加，劳动人口也将骤减。这只是一个简单的算术问题，预言很可能成真。到那时，世界上最辉煌的城市可能会是北京或上海，而崛起速度最快的城市可能会出现在中东或者非洲。

——新加坡鼓励外国企业雇用本地人。在日本工作的亚洲人很多也想加入日本的养老保险。如果日本能充分利用这些制度，就会吸引到更多外国劳动力吧。

罗杰斯：完善制度固然重要，但更重要的问题是语言。来日的外国人基本都不会日语，如果英语能成为日本的官方语言，那么将大大降低外国人来日的门槛。李光耀就曾让国民学习英语，还让英语成为新加坡的官方语言。因为他知道英语是商场上的通用语言。

在美国，只要在美国就业，劳动者就有权加入养老保险。日本也应该引入这一制度。和美国一样，日本的养老金等社会保障的负担也在日益加重。因此，对策就是，要么接受移民，要么大幅提高日本的人口出生率。总之，必须增加劳动人口。

但是，假如日本接受了大量外国劳动力，而他们又十分出色能干的话，肯定会有人指责，"外国人抢走了日本人的饭碗"。在美国也有人这样指责，而欧盟由于接收了不少来自中东以及东欧国家的劳动力，也发生了排斥外国劳动者的抗议活动。

虽然我认为日本是一个具有高度平等意识、不歧视外国人的国家，但如果今后经济低迷，失业者增加的话，可能就会有人将这些问题归咎于外国人。

金融行业的
魅力将
大不如前

——若日元贬值，日本的劳动力成本就会降低。可否把工厂转移到日本国内呢？

▼

罗杰斯： 应该很难办到。过去，英国无论是汽车，还是电视机、冰箱都是在国内的工厂生产。后来英国的国力出现了衰退，但也没听说把工厂迁回国内。

由于日本的制造业崛起，英美的制造业走向了衰落。同样，日本的制造业也将在中国大陆、韩国以及中国台湾的制造业崛起中走向衰落。

如果只考虑劳动力成本，日元贬值确实可能会促进日本制造业的发展。但问题并没有如此简单。最重要的是日本现在缺少技术创新能力，也缺乏挑战精神。

20世纪80年代，我在美国遇到的日本人都是一些对制造业倾注了极大热情的人。和美国人相比，这些日本人工作起来简直像个超人。因此，我所认识的日本人并不是什么"经济动物"，而是"经济超人"。

当时，美国人感到"日本人太拼命工作了，这样下去肯定会被日本人超越"。因此，到了20世纪80年代后半期，美国开始疯狂对日施压，禁止日本人拼命工作，不让日本人过多地储蓄，要求日本人多在休闲娱乐上消费。

今后的时代，不管农业还是工业，拥有制造技术的人才将大受欢迎。随着世界各国的外债增加、竞争激化，金融业的魅力将大不如前。因此我认为，今后实体业将会再次发展。如果你对金融有着非同寻常的热情，你可以去从事金融业，但我认为今后从事农业或制造业才是更佳的选择。

过去，以松下幸之助为代表的日本人，将能够生产出比其他国家、其他企业更物美价廉的产品视为重中之重。他们认为这样对社会有益。事实上，他们的确为日本人富起来做出了贡献。

但是，如果仅仅追求价格低廉反而会失去顾客。因此，日本企业意识到要想长期在商业上成功，必须重视品质和客户信赖。如今，品质和客户信赖已经成为日本企业的优势。这就是最大的差异化，也是竞争力的源泉。

日本人的这种优势与从小接受的教育、体谅别人之心等密不可分。因此，即使别的国家想要效仿日本，也很难在一朝一夕间实现。

——您之前说过，日本的农业一直被过低评价。

我一直很期待日本的农业发展。像日本的草莓、桃子和葡萄等水果在国际市场上也具有很强的竞争力。比如，你可以在中国、新加坡以及欧洲等高级食品店内看到日本的水果。因为都是空运过来的，成本很高，所以价格昂贵。但即便如此，日本的水果还是因它独特的价值而受到追捧。

近年来，随着集装箱冷藏技术的进步，日本的新鲜蔬菜运到中国和新加坡等地后，成为看重食品品质和安全的富裕阶层的宠儿。当然，这只不过是其中一例，日本的农产品品质优良，若能放眼世界，一定能开拓出新的市场。

同样，日本的渔业和其他水产业也有很大潜力。作为一个能吃到美味寿司的国家，日本渔业和其他水产业的竞争力绝不会低。只是日本还没有意识到自己的优势吧。

我想，日本的水产业和农业一样，从业者的平均年龄应该也很高了，而且一定没有考虑过把市场扩大到全世界。

如果可以投资，我会选择日本的农业、渔业和其他水产业，在我看来，它们具有很大的吸引力。

旅游、医疗、教育将成为拉动日本经济增长的新引擎

——新冠疫情导致日本社会完全重启，日本政府打算再度通过观光立国来振兴经济。您对此有何看法？

▼

罗杰斯：我认为日本的旅游业未来可期。很多亚洲人迫切希望能开放入境游。如果新冠疫情好转，入境游开放的话，日本将会迎来大批游客。我本人也会最先飞往日本观光。

在 20 ～ 30 年前，不仅亚洲，全世界的人都很难前往日本旅游。最大的原因是当时日元过于强势，去日本的交通以及在日开销都会极高。而且，当时日本面向外国人的观光基础设施也不够完善。

从那时到现在发生了两个变化。一个是日元持续下跌，去日本旅游的费用大大降低，中产阶级也负担得起相关费用。

另一个是日本的观光景点开始欢迎外国游客。不仅仅是东京、大阪、京都等大城市，就连北海道以及各地的温泉胜地也意识到了外国游客的重要性，为了接待外国游客他们做了很多努力。

当然，这些变化要归功于日本政府推行的一系列政策。现在日本政府已经知道，对于日本人而言平淡无奇的地方，在外国人看来却是充满魅力和吸引力的地方。日本最吸引外国游客的地方就是温泉以及雪质良好的滑雪场。

日本的观光市场潜力巨大，特别是亚洲人很喜欢到日本旅游，其中就包括中国 4 亿中产阶级，他们一直在关注着日本，再加上日元贬值的影响，这就是赴日游客激增的原因。同样，韩国人和东南亚人也非常喜爱日本，每年都有大批游客赴日旅游。

此外，社交网站的普及也在宣传日本方面起到了推波助澜的作用。前往日本的外国游客在社交网站上分享日本的四季美景和美食以及日本人的待客之道，看到这些分享的人又会成为新的游客，前往日本旅游。

除了观光，日本的医疗行业今后也具有很大的发展潜力。日本老龄人口多，而且医疗费用也很高。不仅是老年人，还有很多日本的上班族也很关注医疗，愿意为健康掏腰包。因此，医疗和健康产业也充满了商机。

像老年人护理等高需求的产业不仅在日本，

在全世界都具有广阔的发展前景。日本在老龄化护理方面领先世界。人们对日本护理机器人的质量有口皆碑。未来，在护理床和协助洗澡等护理器具，以及保险和抵押贷款等金融领域方面，日本都将引领世界。

同时，我也看好教育领域的发展前景。日本的大城市和乡村有很多大学，很多外国学生想赴日学习。今后，日本不仅应该接受外国劳动者，也应该接受更多外国留学生。

韩国等国的大学数量少，竞争激烈，有很多想上却上不了大学的学生。而我听说日本的不少大学却招不满。希望这些大学能够放眼海外市场，特别是亚洲。现在日元正在贬值，应该有很大的商机。

以日元计价的
养老金未来
有可能
大幅缩水

——日元持续贬值，能源价格在持续上涨。

罗杰斯：日元贬值，从外国进口的商品价格自然就会上涨。如果在低利率中出现通胀，虽然日本的债务会减少，但人们的生活将苦不堪言。

我们应该把通胀理解为原本属于国民的钱却在不知不觉中进了国家的钱包。20世纪90年代后期，当日本意识到财政赤字的问题时，日本的某著名政治人物说过"政府的债务根本无法偿还，只有靠通胀来减少债务"这样的话，我现在很担心日本真会如此。

历史上确实有很多因为财政赤字而陷入困境

的国家，但这些国家没有一个能还清债务的。像波旁王朝时代的法国、"二战"时期的德国、"二战"之后的日本，例子很多。这些国家都陷入了严重的通胀，国民的资产也严重流失。

虽然目前大部分日本人并不觉得通胀可怕，但感到害怕的时候或许已无药可救。因此，有必要准备一个"B计划"，我强烈建议把一部分资产分散到日元以外的币种。这样做不仅可以保住个人资产，还会遇到在国内无法遇到的各种投资产品，也是一个很好的投资机会。

令人遗憾的是，日本未来肯定会越来越穷，财政赤字也会越来越严重。只要日银不改变宽松的货币政策，还在不停地印钱，未来日元一定还会贬值。

——我们有什么防卫措施吗？

▼

罗杰斯：趁现在日元还未过度贬值，我建议尽早把资产转移到海外。现在拥有很多资产的老年人基本都是经历了日元升值的人。当时，只要手上持有日元资产，就能确保资产升值。因此，就算把现金存到银行也没什么大问题。

但今后就不同了，需要考虑到未来日元将会贬值。我想绝大多数日本人的老年生活都要指望自己的日元资产和养老金，而他们的资产会严重缩水。因为即使票面额度不变，但由于日元贬值以及通胀，实际价值也会大打折扣。

20世纪八九十年代，普通人投资海外的门槛也许比较高，但现在我们可以很容易就开设一个海外账户，嫌麻烦的人可以投资海外股票或债券型 ETF 基金。

学习
外语可以
使人生拥有
更多的选择

——越来越多的日本人不信任政府，开始移居海外。

▼

罗杰斯：我认为移居海外是件好事，但要考虑去哪个国家。

10～20 年后，在发达国家中，英国和德国的处境比日本更危险。如果提高利率，今后企业的贷款成本就会上升，企业收益就会下降。

同时，我想日本国内的贫富差距将会越来越大。农业从业者即便遭遇经济萧条，也不会有太大影响，但那些在东京工作的证券从业人员恐怕日子就不好过了。

今后如果想要移居海外，我推荐越南，因为越南的债务负担轻。新加坡也是一个好地方，但移居新加坡需要有一定的资产。

移居之前，不妨先到海外工作一下。这样移居的门槛也就没那么高了。有很多日本人在新加坡工作，在中国工作的日本人也不少。所以，生活在日本的人应当尽早体验一下国外生活，你的人生将更加多姿多彩。

——越来越多日本人为了接受更好的教育而移居海外。

<hr/>

罗杰斯：我对此很赞成，但究竟哪个国家的教育水平高呢？美国的教育水平绝对称不上高。然而，新加坡的教育水平却高得惊人。不管去哪里，你都必须亲自体验一下，如果教育水平确实很高，再选择移居。

移居后，孩子若能在新的教育中学到另一门语言，那就更应该移居了。即便为孩子的未来着想，掌握一门以上的外语也是非常重要的。

回顾我的人生，我认为"好的教育"就是走

出去。我离开家乡亚拉巴马州，到美国东海岸的耶鲁大学学习，之后又到英国的牛津大学读研究生，我认为最重要的是离开家，到更远的地方去。在这个过程中我可以遇到以前无法遇到的东西，令我终身受益。

于是，我也对自己的女儿说，如果要上大学，那就尽量去远一点的地方。离开家就是最好的教育。如果随时都能回到家里，教育的效果就会大打折扣。不过，对我的女儿，我还要求她们在离开家之前一定要努力掌握一门外语，并要刻苦钻研自己感兴趣的领域。

我对自己在年轻时没能学好外语这件事，一直追悔莫及。我觉得，要是我会更多种的外语，就能掌握更多样的信息，再通过正确的分析就能在商业上获得更大的成功。所以，我特别希望年轻人能学好外语。

　　我离开美国，决定移居到新加坡的理由之一，就是希望我的两个女儿能够在学习英语的同时也学好中文。虽然现在世界上通用的语言是英语，但未来一定会是中文的天下，我从 20 多年前就这么认为。

　　我认为学中文是最佳的选择，当然学习其他语言也未尝不可。会说英语，这很重要。在掌握了英语之后，可以再学习中文或西班牙语。法语在过去的一段时间里，曾是世界通用语言，但它的地位正在下降。很遗憾，日语也是如此。过去，日语在亚洲各国很受欢迎，但现在中文遥遥领先。

　　未来，日本国内的市场规模将会因人口减少

而不断缩小，如果不设法参与到海外市场中去，
商业本身将难以为继。因此，学好外语将是不可
或缺的要素。出于这种考虑，我认为日本人不单
要学习中文，还应该学习韩语、越南语、俄语等。
这样你的人生选择才会更加丰富。

第
4
章

绝望之中孕育着
绝佳的投资机会

——我的投资之道：
通过"逆向投资"提升收益

应对股价
大跌的个人
资产保卫术

——您刚提到泡沫经济即将破灭，您对股票投资者有什么建议吗？

罗杰斯：假如现在就是泡沫经济破灭的前夜，若不未雨绸缪就会后悔莫及，所以每个人都应该立刻动起来。当巨大危机来袭时，为了以防万一，必须要准备一个"B 计划"。

那么，当行情不好的时候应如何应对？我想你的 B 计划里必不可少的一个是分散资产，另一个就是持有外国银行账户。

当然，持有外国银行账户最大的意义就在于当本国股票暴跌时有一份"保险"。不过除此之外，或许它还能让我们发现一些本国没有的投资机会。保险是一种不到万不得已不想使用的东西，但开设外国银行账户却可以让我们获得更多的意外之喜。

当然，B计划也需要流动资产。如果明天经济大萧条将至，而你手中全部都是没有杠杆或流动性的资产，那就可能失去全部资产。但如果有流动资产，就能在大萧条中生存下来，就像"危机"一词的字面意思一样，能够抓住危险过后的机会。

在遭遇大萧条这种前所未有的危机时，有几点尤为重要。一是要将部分资产放到海外，二是要始终持有流动资产，三是不要盲目买入别人推荐的股票。另外还有一点，作为B计划的一部分，要让孩子掌握一门外语，这也可以为今后的人生提供更多的选择。

——您的意思是要做好长期应对的准备？

▼

很多人对 1929 年 10 月 24 日的股价大崩盘记忆犹新，但那天股价并未跌到最低点。其实在那之后的 10 年里，美国的经济一直未能好转，这一点很多人并不知道。从股价来看，从大崩盘之日起又过了 3 年，也就是 1932 年股市才跌到了最低点。

美国的大萧条还引发了欧洲的经济下滑，因为欧洲经济在很大程度上依赖于向美国出口。1929 年的大萧条发生后仅仅两年，到 1931 年 5 月，当时奥地利最大的银行安斯塔特信用社便宣布破产，这又引发了德国恐慌。发生在纽约的危机最终升级为一场国际性的金融危机，同年 9 月，英国政府宣布放弃金本位。

当股价暴跌时，重要的是我们能否采取恰当的应对措施，以防止损失加重。在新冠疫情的冲击下，全世界的央行纷纷推出宽松的货币政策，结果是股价反弹，形成了反弹行情。

目前的牛市行情是有史以来最长的，但已临近尾声。因为不存在只涨不跌的市场，所以这一点是可以肯定的。当"百年不遇的经济危机"雷曼危机爆发时，世界金融资产规模约为世界 GDP 总和的 3 倍，但之后由于世界各国采取了宽松的货币政策，现在世界金融资产的规模已经远超上次。

因此，就像我反复说过的那样，下一次危机

将是我人生中经历过的最可怕的一次。因为央行不可能无限制地印钱，也不可能无限制地增加债务。总有一天会迎来最后一刻。突然有一天，市场的参与者会改变他们的投资动机。到那时，没有人能挽救世界经济。而下一次危机就是这样，会成为历史上最可怕的一次危机。

——曾任美国花旗集团首席执行官（CEO）的查克·普林斯说："只要音乐还在响，就要一直把舞跳下去。"

▼

罗杰斯：就算到了 2022 年，我们也一直在"跳舞"，我自己也不例外。但是，我知道会有结束的时候。虽然我一直在寻找卖出的时机，但如果时机过早，就会损失一部分利润。不过，因为我时刻都在关注市场，所以我应该不会损失太多资产。虽然我时刻都在关注市场，但我还没有卖出。

我最近在增持大宗商品。除了黄金、白银，我还买了原油以及能源相关商品。因为我觉得通

胀还会继续，其他交易不想着急。此外，我还在
关注矿山公司的股票，但因为不熟悉这个领域，
所以没有购买。

我其实是一个得寸进尺的人，因为我不会采
取防守型投资，并且我认为自己能在崩盘之前脱
手，所以我反而会增持。但是，认为自己可以脱
手其实是投资中最危险的想法。尽管如此，投资
这一行终究还是要自我负责。如果全球央行进一
步推出海量的宽松政策，那么日经指数可能会飙
升，甚至升至 4 万点，再创历史新高。到时如果
有人询问我的建议，我会跟他说应该出售股票，
然后把一部分资金放到外国账户中。我也投资了
一些日本股票，希望到时候能顺利脱手。

通胀将使"产品为王的时代"再度到来

——通胀还在继续，通胀时需要注意什么？

罗杰斯：首先必须考虑资产的投资组合。历史经验表明，在通胀时持有黄金、白银、粮食以及能源等大宗商品，或是房地产，都是不错的选择。

俄乌冲突爆发后，粮食和能源价格持续上涨，而我在那之前就开始关注大宗商品并进行了投资。

听到商品投资，肯定会有人说"没什么比商品更可怕的了"。确实有一定的风险，但我想说的是那些投资失败的人，他们真的了解投资吗？难道他们的失败不是因为听信了"稳赚不赔"之类的说法，在根本不了解的情况下就盲目投资所导致的吗？

从长远来看，几乎没有比商品更赚钱的资产。我逢人就说，从 1966 年到 1974 年，白糖期货从 1.4 美分上涨到了 66 美分，而我低价买入的白糖，价格也翻了 45 倍之多，这令我兴奋不已。

股票和商品的价格变动具有反向关系，二者大约以 18 年为一个周期发生反转。例如，从 1906 年到 1923 年，商品价格上涨而股票陷入停滞。之后的 20 世纪 20 年代则恰恰相反。

20 世纪 70 年代，商品行情过热，股票则萎靡不振。这期间，美国正处于有史以来最糟糕的通胀时期，商品市场持续上涨，与股市形成了鲜明对比。除了白糖，玉米涨了 295%，石油在 70

年代也涨了 15 倍，黄金和白银在 10 年间涨了 20 倍以上。

相比之下，股价表现则十分低迷，这个时代被称为"股票之死"，但这也正是此后持续了近 20 年的牛市蓄势待发的时期。1966 年接近 1000 点的道琼斯指数，到 1982 年险些跌破 800 点，不过在 1982 年触底后开始反弹，到 1999 年终于突破了 1 万点大关。

现在，持续已久的"股票时代"即将告终，"商品时代"将再次到来。过去，商品投资是专业人士的专属，而现在出现了很多个人投资家也可以轻松投资的金融产品，比如与商品相关的 ETF、ETN 以及指数基金等。投资这些，不需要承担很大的风险，就可以实现获利。

　　我认为，通胀还会持续下去，因此建议大家一定要在你的投资组合中列入商品。商品投资不仅可以应对股价下跌和恶性通胀，也可以作为应对经济严重衰退的有力对冲手段。就算是有史以来最大的泡沫破裂，进入我所担心的终极熊市，这一招也一定能够保护你免受灭顶之灾。

——关于房地产行业，您有何看法？

▼

罗杰斯：通胀时投资房地产也是有效的手段，但我并不想投资房地产。如果短期内利息上涨，这对于房地产来说影响是负面的。想出手的时候不能马上出手，这种流动性差的资产我不太喜欢。基本上，我认为只要有一套自己和家人住的房子就足够了。

当然，如果遇到特别吸引人的房地产，我可能也会买。但是除了日本，亚洲各国的房地产价格处于非常高的价格区间，所以我根本不想投资。

顺便说一下，对 REIT[一]我也持相同的看法。REIT 的魅力在于利润分配的高收益率，但考虑到利率上升时它会随着房地产价格下降，所以我也无意购买。

[一] 不动产投资信托基金。

现在
投资金银
仍然不晚

——很多人说金价已经见顶，现在投资为时已晚，您对黄金白银的未来走势有何看法？

罗杰斯：虽说已经见顶，但只要大家还在买的话，这就是一个利好消息。当大家都抱着这样的想法，想要放弃的时候就是买点。虽然无法分毫不差地猜中买进的时机，但我想在价格进入调整区域时进一步增持。

我认为未来黄金白银还有很大的上升空间。这是因为全世界发行的纸币"欠账"早晚要还，人们会对货币产生信用危机。然而，就算行情下跌，黄金白银的价值也不会归零。

再有，未来产业界还会出现新的变化，这将
加大对银和铜等矿产资源的需求。而且，像电动
汽车、太阳能发电等发展前景广阔的行业对银的
需求也很旺盛。当然，这只是一个例子。由于今
后会发生各种变化，所以对铜、锂等的需求也必
然会增加。

如果你相信我说的话，就会更愿意持有实物
资产。目前，即使从包括美元在内的所有货币来
看，黄金也处于最高水平。虽然我不知道未来黄
金和白银会涨到什么程度，但白银的历史最高价
是 1 特洛伊盎司[⊖]50 美元，我认为肯定会回到那
个水平。如果让我在黄金和白银中做出选择的话，
我会选白银。虽然二者我都持有，但与黄金相比，
我认为目前银价偏低。

⊖ 1 特洛伊盎司≈31.103 克。

如果你现在的投资组合里还没有黄金和白银，那就赶紧着手。因为商品之中尤其是这些贵金属会成为投资组合的保险。就像我们每个人都有医疗保险和终身保险一样，投资组合里也应该有黄金和白银。医疗保险和终身保险，最好是一辈子都不用到，但有它就能让人安心。我觉得黄金白银在投资组合中，也应该是这样的定位。

当然，如果时机合适，它们也能为我们带来巨额收益。当然，父母也可以把黄金和白银作为资产让子女继承。我反复说过，回顾历史，当人们对政府失去信任时，黄金和白银的价格就会大涨。无论今后发生怎样的变故，持有黄金和白银都是一份不错的保险。

我热衷于
投资是因为
投资可以
使人获得自由

罗杰斯：我年轻时之所以想赚钱，只是因为我渴望自由，而不是因为想开豪车或住豪宅。实际上，我家里也没有多余的车，豪车更是一辆也没有。住宅也是一样，只要能满足自己的居住需求、安保设施齐全的房子我认为就足够了。总之，我想要的是个人的自由、按照自己的想法生活。

为了实现这个愿望，我把从 20 到 30 多岁的时间和精力几乎全都用到了投资方面。虽然也有过痛苦的经历，但现在回想起来，我觉得那段时光十分宝贵。后来，我在投资上取得了成功，获得了自由。获得自由后我开始长期周游世界。这是我获得自由后最想实现的梦想。

我这么说或许有些苦口婆心了，现在的年

轻人应该想想，自己是为了什么在学习。不少人二三十岁了还在研究生院学习 MBA 课程，我觉得他们应该重新去认识这是为了什么。

我对读 MBA 持否定态度。它不仅要花费大量的金钱和时间，而且所学的内容是否在社会上行得通，我也表示怀疑。况且，MBA 的学费越来越高，很多人还没踏入社会就背上了沉重的债务。

与其花这么多时间和金钱在 MBA 上，不如用这些来投资股票，或者试着买一些商品期货。这样才能学到更多东西，让你的人生变得丰富多彩。或者也可以创业，哪怕规模很小。即使失败了，对于你来说也是一笔宝贵的人生财富。

俗话说"失败是成功之母"，我认为的确如

此。我年轻时也经历过人生低谷，也曾因投资失败而身无分文。有些东西或许能在大学或研究生阶段学到，但在投资或事业上失败才能对你的人生大有裨益。

——您从投资失败中得到的最大的教训是什么呢?

罗杰斯: 就是找到自己的风格。刚进入投资领域的新手, 很容易受媒体和周围人的影响。"这只股票会涨到 1000 美元""大豆在一个月后会下跌", 我们总是会相信这样的话。但是如果能相信自己, 学会自己做判断, 几年下来就会形成自己的投资风格。这样一来, 投资成功的机会自然就会多起来。

投资的方式和风格有很多。比如, 100 多岁还活跃在投资领域的罗伊·纽伯格就是一位优秀的短线交易者。

他的投资风格就是以 1 小时、1 天或几天为单位进行短线交易来获利的。不过，短线交易并非我的强项。

在我漫长的投资生涯中，我学会的最佳投资法就是先找到一个被过低评价的投资产品，然后长线持有。虽然这种投资风格会被人称为"逆向投资"，但我一直喜欢当大家都感到绝望的时候，寻找下一个投资机会，也乐意了解大家都厌恶的国家或股票，我的投资风格就是在这一过程中逐渐形成的。

投资的基本
原则就是
"低买高卖"

罗杰斯：投资并非什么难事。虽说没有"绝对成功"的方法，但基本原则就是"低买高卖"。

不过，能真正做到这一点的人并不多见。因为大部分人都只在意牛市的行情，而不愿意关注熊市的行情。相信不少人都会认同这一点，尤其是日本人，在看到行情走高，股价上涨后，不少人就会抱着一种自己也不容错过的心理进入市场。

而我则恰恰相反，我时刻关注熊市行情，寻找股价的最低点。当人们狂热的时候，我会静观其变；当人们陷入困境的时候，我反而会紧盯市场，寻找那些无人在意的、被市场低估的股票。

1973 年，我与乔治·索罗斯共同创立了一个对冲基金，用于投资其他人不看好的、被市场低估了的股票和商品。这些投资都很成功，10 年来回报率高达 4200%。我们投资了东日本大地震后因恐慌而被抛售的日本股票，也为我们带来了丰厚的回报。

正如我以前多次提到的那样，日本农地的价格被严重低估，现在已经基本触底。如果可以，我想购买日本的农地，投资日本的农业。不仅是日本，世界其他地方的农业潜力也很巨大，充满了商机。特别是现在日本的农业从业人员老龄化严重，缺乏足够的竞争，如果能够把充满干劲的年轻人聚到一起的话，那么，等待我们的将会是美好的未来。

当人们对市场怀有戒心且避之唯恐不及的时候正是一次机遇，我们应该果断行动起来。即使不买，你也应该密切关注它，观察行情走势，把行情的走势、周围的人是如何想的统统印在脑子里。因为这些将有助于你赢得接下来的投资。当所有人都害怕的时候，你应该鼓起勇气大胆地买入，像这样的成功案例比比皆是。

——除了"低买高卖"以外，您还有其他建议吗？

▼

罗杰斯：在上一本书中我已经说过自己的看法，那就再来谈谈这个问题吧。

我们要学会通过储蓄来积累资产。并非每个人一开始就拥有资产，尤其是年轻人，一开始不会拥有太多资产。所以，我们要做的就是事业有成之后积累资产。

尽管每个人都想一夜暴富成为亿万富翁，但这绝非易事。所以，我的建议就是学会耐心等待。要成为一个成功的投资者，很重要的一点就是大多数时候能够沉下心来静观其变。机会到来时，要毫不犹豫地出手，然后继续等待。

我的下一条建议是，充分研究自己将要投资的领域，成为这个领域的专家后再开始投资。大多数人会盲目地根据电视、网络上散布的信息，比如看到"那只股票很便宜""能涨到 3 万美元"就开始了投资，但赚钱并不是那么简单的事。

投资领域可以根据自己的喜好而定，时尚、汽车、运动、美食什么都行。如果你对时尚感兴趣，可以通过书籍或网络调查相关信息。然后，就是切莫只有三分钟热度，要长年累月地坚持下去。若能做到这一点，你就会自然拥有投资家的视角与思路。

当然，你可能会忍不住向亲朋好友炫耀你的

想法或发现，但刚开始时先不要透露给任何人，而是要默默地调查相关领域里有望成功的商机或企业。当然，也不能三天打鱼两天晒网，而是要持之以恒。这样你就能先于华尔街的分析家发现有望成功的商机或企业。

另外，不要购买别人建议的投资项目，投资应该基于自己的调查。我总是一个人默默地做这件事，今后应该也会这样做下去。因为过去的经验让我懂得对别人言听计从是要吃亏的。

投资收益
并不是
"不劳而获"

——在日本越来越多的人开始关注投资，但也有很多人认为这是不劳而获，对投资敬而远之。

罗杰斯：如果我们刚刚谈到的那些都是投资所必需的，你还会认为这是不劳而获吗？买入前需要花费大量的时间和精力，同样在卖出时，也需要花费这些时间和精力。当你要投资一个领域时，首先要花上几年的时间去研究它。因此，投资并不是一个轻轻松松就能赚钱的行业。

我曾多次说过，若你一生仅有 20 次投资的机会，你一定会对投资更加谨慎，不会四处盲目投资。投资之前，我想你一定会充分调查到自己认为万无一失为止。这才是所谓成功的投资，即投资前充分调查，然后谨慎行事，除此以外，再无其他。

还有一条建议非常重要。那就是卖掉股票后要学会及时收手。通常情况下，投资结束后，人们会立刻开始新的投资。特别是在大赚一笔、骄傲自满时，更要学会见好就收。

越是在这种时候就越要谨慎，你可以利用这个时间重新学习，等待新的时机到来再谨慎投资。但很多人因缺少足够的耐心而急于出手，所以投资失败。无论如何都等不及的话，我建议你不如看看电影，去海滩悠闲地喝点儿啤酒。

实际上，"学会等待"也是投资者成功的重要因素之一。不少人因为缺乏足够的耐心而投资失败，这样的案例我知道很多。对投资者而言，很重要的一点就是大多数时候要能够沉下心来静观其变。根据我多年的经验，刚获利后，下一个好的投资机会绝不会立刻出现，所以要静下心来耐心等待。这就是我为什么要说你的人生中仅有 20 次投资机会。因为这样你就能心平气和地等待下一次投资机会的到来。

不过，以上都是我擅长的长线投资的成功法则。我常常以 10 年或 20 年为单位，去寻找可以进行长线投资的项目。但若你是一个优秀的短线投资者，你也可以好好研究一下短线投资的法则。总之，要想在投资上获得成功，最佳的方法还是找到并形成自己的投资风格。

后记

如何在世界大变局中
生存下来

就在我执笔写后记的时候，距俄乌冲突爆发正好过去 3 个月。

我发自心底祈祷冲突不会进一步升级。1914年的夏天，在欧洲爆发的第一次世界大战最终有50 个以上的国家参战，1500 万非作战人员失去了生命，酿成了人类史上的一场悲剧。据说，起初不少士兵在出征时，像是去参加一次远游，说"圣诞节之前就会回来"。

战争就是这样，起因只是一个偶发事件，之后却在人们的不以为意中逐渐升级为一场大战。一旦战争打响，人们就会失去理智，拼命抹黑对手，说对方有多么邪恶，对自己的威胁有多么大。然后，被胜利的消息冲昏头脑，在战争的狂热中自我陶醉。

即使自己的国家胜利了，战争终究也只是一场噩梦。它会夺去很多人的生命，毁掉我们的城市，至今为止的幸福生活也会消失得无影无踪。

18世纪伟大的哲学家伏尔泰留下了一句富有深意的话——"最幸福的人生就是自己的人生"，我对此深有同感。所谓人生的意义就是活出自己想要的人生。但是，这个美好的愿望会被战争无情地夺走。因此，绝不能发动战争。在本书的最后，我想把这样一段话送给读者：

现在，世界正面临着严重的通胀，巨大的泡沫也即将破裂。越是在这样的紧要关头，越需要我们掌握度过危机的正确知识。因为只有正确的知识才能帮我们走出危机，在危机过后丰富我们的人生。

这是我留给各位的最后一条信息。

衷心地希望本书能够帮助大家加深对货币和投资的理解，同时，帮助大家平安度过即将到来的危机，并在危机过后抓住下一次机遇。

吉姆·罗杰斯

主编·采访翻译介绍

花轮阳子

（日本）国家一级财务规划师、国际金融理财师。曾任职于外资投资银行，后成为独立的财务顾问（FP）。2015 年移居新加坡。在东京和新加坡两地担任金融理财培训讲师。代表作有《如何在少子老龄化社会中安度晚年：我在新加坡见到的日本未来发展模式》（讲谈社＋α 新书）、《夫妻二人如何攒下 1 亿日元！》（钻石社）、《吉姆·罗杰斯的大预测》（东洋经济新报社）、《大逆转时代》

（*PRESIDENT* 社）等。同时，她还是一个帮助在国外居住的日本人解决金融理财问题的网站运营者。目前正在努力撰写《花轮阳子的新加坡富豪投资之道：海外投资与创业实践篇》一书。

艾利克斯·南瑞德维德

任职于新加坡的一家家族理财办公室（Multi-Family Office）——蒙哈榭资本（Montrachet Capital），负责向亚洲富豪提供金融理财以及海外移民方面的咨询服务。国际金融理财师。曾在雷曼兄弟、野村证券以及瑞信证券担任过债券分析师，向位于东京和纽约的全球主要金融机构出售政府债、抵押产品、公司债、债券衍生品等。毕业于波士顿塔夫茨大学心理学和数学专业。译著有《吉姆·罗杰斯的大预测》（东洋经济新报社）、《大逆转时代》（*PRESIDENT* 社）。